ERSTLESER

Dinosaurier

Ravensburger

Konzept und Text: Carola von Kessel
Illustration: Katharina Wieker

Fachliche Beratung: Dr. Anne Schubert,
Staatliches Museum für Naturkunde Stuttgart

Layout: Katrin Kleinschrot und Marion Köster
Satz: Katrin Kleinschrot

5 7 8 6 4

Postfach 2460 • D-88194 Ravensburg

Printed in Germany

ISBN 978-3-473-60000-7

www.ravensburger.de
www.wiesoweshalbwarum.com

MIX
Papier | Fördert gute Waldnutzung
FSC® C111262

Inhalt

Wer waren die Dinosaurier?

Der Compsognathus war klein wie ein Huhn.

Die Dinosaurier lebten
vor sehr langer Zeit auf der Erde.
Sie gehörten zur Tiergruppe
der Reptilien.
Manche von ihnen
liefen auf vier Beinen,
andere nur auf zwei.
Die Beine standen bei den Dinos
gerade unter dem Körper.
Bei ihren Verwandten,
den Eidechsen und Krokodilen,
stehen sie dagegen seitlich ab.

Stacheln und Knochenplatten schützten Edmontonia vor Angreifern.

Es gab ganz verschiedene Arten
von Dinosauriern.
Manche waren groß und stark,
andere klein und flink.
Viele von ihnen hatten
dicke, schuppige Haut
oder trugen Federn.
Alle Dinos hatten einen Schwanz.

Wann lebten die Dinos?

Die ersten Dinosaurier lebten
vor 235 Millionen Jahren.
Im Laufe von 170 Millionen Jahren
entstanden ständig neue Arten.
Die Dinos breiteten sich
auf der ganzen Erde aus.
Während dieser langen Zeit
änderte sich immer wieder
das Wetter auf unserem Planeten.

TRIAS (vor 252 – 201 Millionen Jahren) JURA

Im Erdzeitalter Trias
war es heiß und trocken.
Darauf folgte der Jura,
in dem es viel regnete.
Die letzten Dinos lebten
in der feuchtwarmen Kreidezeit.
Drei Erdzeitalter lang
passten sich die Dinosaurier
an jede Veränderung an.
Vor 66 Millionen Jahren starben
die letzten Dinos aus.

Wie verbreiteten sich die Dinos?

Alle Dinosaurier lebten an Land.
Auf dem Riesenkontinent Pangäa
hingen alle Landflächen zusammen.
So konnten sich die Dinos
auf der ganzen Erde verbreiten.
Vor etwa 200 Millionen Jahren
zerbrach Pangäa in zwei Teile.
Aus den beiden Hälften
Laurasia und Gondwana
entstanden nach und nach
die heutigen Erdteile.
Mit den Landflächen
verteilten sich auch die Dinos
rund um den Erdball.

Im Zeitalter Trias lebten auf dem Riesenkontinent Pangäa überall Dinos und andere Saurier.

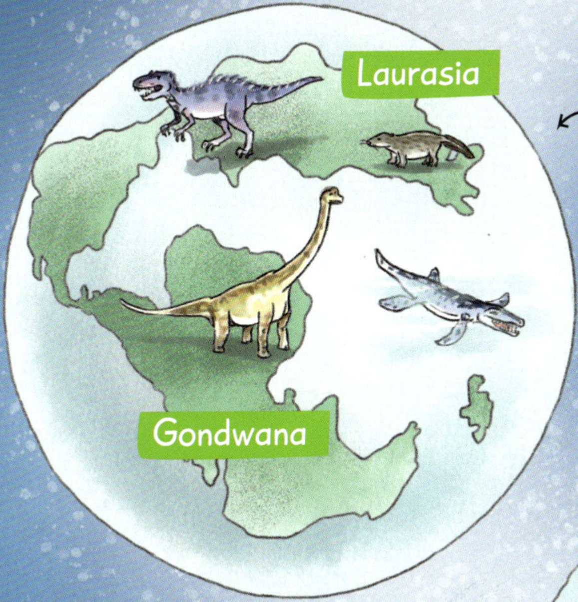

Im Jura zerbrach Pangäa in zwei Teile: Laurasia und Gondwana.

Während der Kreidezeit formten sich die heutigen Erdteile.

Wer flog damals durch die Luft?

Zur Zeit der Dinos flogen Saurier auch am Himmel. Flugsaurier und Dinosaurier waren aber nicht näher miteinander verwandt. Manche Flugsaurier waren klein wie Hühner. Andere wurden so groß wie Segelflugzeuge.

Pterodactylus

Wer lebte in den Meeren?

In den Ozeanen schwammen damals ebenfalls Reptilien. Auch diese Meeressaurier waren keine Dinosaurier. Manche, wie der Elasmosaurus, wurden so lang wie Linienbusse. Andere ähnelten den Delfinen. Alle Meeressaurier mussten zum Atmen auftauchen.

Warum starben die Dinos aus?

Niemand weiß ganz sicher, weshalb die Dinosaurier ausgestorben sind.
Vor 66 Millionen Jahren prallte ein riesiger Gesteinsbrocken aus dem Weltall auf die Erde.
Nach dem Einschlag war nichts mehr wie vorher: Gewaltige Staubwolken ließen kaum noch Sonnenstrahlen durch.

Doch ohne Sonnenlicht
können keine Pflanzen wachsen.
Deshalb gab es bald
keine Bäume und Sträucher mehr.
Allmählich verhungerten die Dinos,
die sich von Pflanzen ernährten.
Aber wen sollten
die Fleischfresser jetzt jagen?
Bald wurden auch sie
nicht mehr satt und starben.

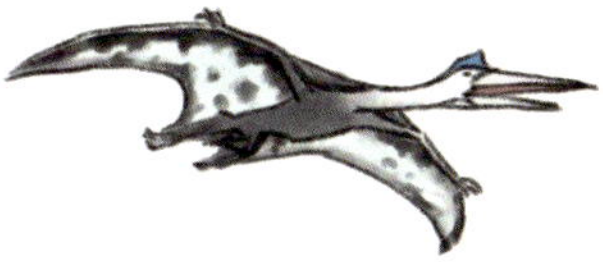

Was geschah mit den anderen Tieren?

Auch Flugsaurier und Meeressaurier
verschwanden zur selben Zeit
wie die Dinos von der Erde.
Doch andere Tiere überlebten,
zum Beispiel Krokodile,
Insekten und manche Säugetiere.
Ihre Nachkommen
leben noch heute.

Welche Tiere stammen von den Dinos ab?

Unglaublich, aber wahr:
Unsere Vögel stammen
von den Dinosauriern ab!
Das erkannten Forscher,
als sie Funde
wie den Urvogel Archäopteryx
untersuchten.
Er hatte einen Schwanz
wie die Dinosaurier
und Federn wie die Vögel.
Heute weiß man sogar,
dass die Vögel streng genommen
zu den Dinosauriern gehören.

Archäopteryx

Versteinerter Abdruck eines Archäopteryx

Leserätsel

1 In dem Urzeittier stecken vier Begriffe rund um Dinos. Kreise sie ein und schreibe sie unten auf.

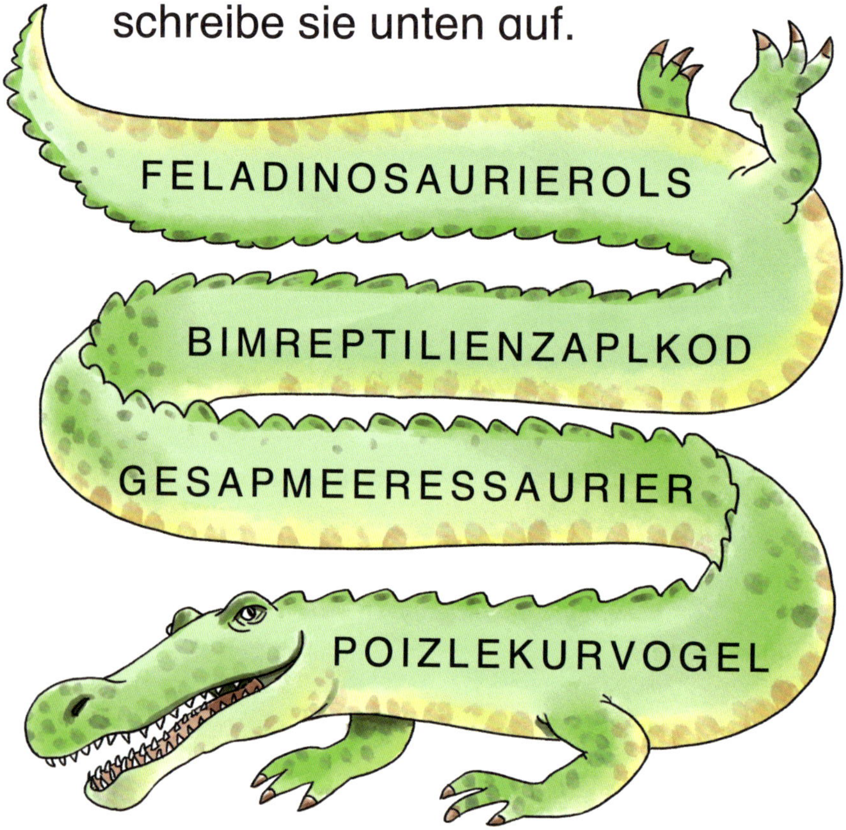

2 Fülle die Gitter mit Silben.
Pro Zeile, Spalte und buntem Rechteck darf jede Silbe nur einmal vorkommen.
Welche Wörter sind hier versteckt?
Schreibe sie unter die Gitter.

FLUG			RI
	SAU		
			ER

		ERD	
	ZEIT		
AL			TER

Wie lebten die Dinosaurier?

Welche Dinos fraßen Pflanzen?

Die meisten Dinosaurier waren Pflanzenfresser. Ihre Nahrung bestand aus Farnen, Zweigen und Zapfen. Einige dieser Dinos wurden sehr groß. So konnten sie auch von hohen Bäumen fressen.

Der Diplodocus war ein Sauropode. So nennt man große Pflanzenfresser mit langem Hals.

Der Stegosaurus fraß niedrige Pflanzen.

Die Pflanzenfresser liefen
auf allen vier Beinen.
Manche konnten sich
auf den Hinterbeinen aufrichten.
Andere waren dafür zu schwer.
Ihre Nahrung enthielt allerdings
nicht viel Energie.
Deshalb mussten diese Dinos
viele Stunden am Tag fressen.
Nur so wurden sie satt.

Welche Dinos waren Raubtiere?

Manche Dinosaurier ernährten sich von Fleisch. Meist liefen die Fleischfresser nur auf den Hinterbeinen. Sie jagten Eidechsen, Insekten und auch andere Dinos.

Der Tyrannosaurus Rex (T-Rex) zählt zur Gruppe der Theropoden.

Einige Dinos fingen Fische
oder fraßen Aas,
also das Fleisch toter Tiere.
Außerdem gab es auch Allesfresser.
Diese Dinos ernährten sich
wie wir Menschen
von Fleisch und Pflanzen.

Wie jagten die Raubsaurier?

Die meisten Raubsaurier
gingen allein auf die Jagd.
Manche verfolgten ihre Beutetiere
über lange Strecken.
Andere versteckten sich und
warteten, bis ein Tier vorbeikam.
Kleinere Fleischfresser jagten
manchmal als Gruppe
und erlegten so auch größere Tiere.

Welche Dinos lebten in Gruppen?

Einige Pflanzenfresser
bildeten Gruppen,
die man Herden nennt.
Diese Dinos halfen einander.
Wenn ein Teil der Herde schlief,
hielt der Rest Wache.
Bei Angriffen stellten sich
die erwachsenen Dinos oft
schützend vor die Jungen.
Pech für die Angreifer!

Wie verteidigten sich die Dinos?

In der Welt der Dinosaurier
ging es rau zu.
Manche verteidigten sich
mit Hörnern, Stacheln
oder Keulen am Schwanz.
Andere schlugen
mit ihren langen Schwänzen zu.
Schilde und Knochenplatten
schützten viele Dinos vor Bissen.

Der Kopf des Dracorex
war voller Stacheln.

Vielleicht konnte der Diplodocus
mit dem Schwanz knallen
wie mit einer Peitsche.

Mit seiner Schwanzkeule
wehrte sich der Ankylosaurus
gegen den T-Rex.

Es gab auch Dinosaurier,
die sich bei Gefahr versteckten
oder schnell davonrannten.
Nur die größten Dinos
mussten sich vermutlich
kaum verteidigen.
Wer legte sich schon
mit so einem Riesen an?

Wie verständigten sie sich?

Vermutlich drückten die Dinos mit ihrer Körperhaltung Stimmungen aus.
So wusste jeder gleich, ob der andere friedlich oder angriffslustig war.
Manche Dinosaurier gaben auch Töne von sich.
Vielleicht bellten sie, grunzten oder brüllten.

Einige Dinos hatten
wie der Parasaurolophus
Hohlräume am Kopf.
Damit konnten sie
tiefe Töne erzeugen.
Ihre lang gezogenen Rufe
waren weithin zu hören.
Wahrscheinlich lockten die Dinos
damit Partner an
oder warnten ihre Artgenossen
vor Gefahren.

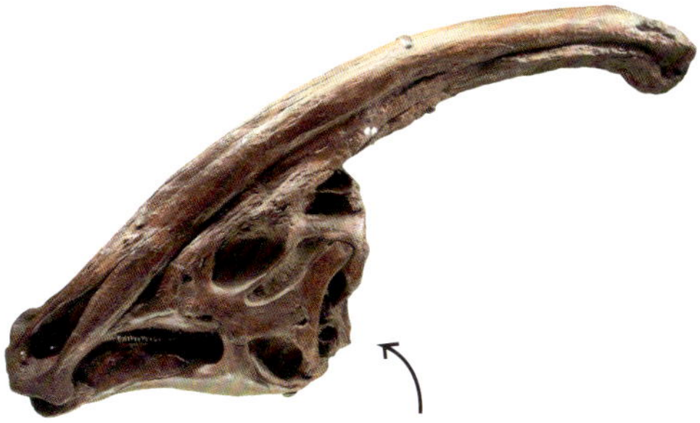

Vielleicht stieß der Parasaurolophus durch den Kamm auf seinem Kopf laute Rufe aus.

Wie kamen Dino-Babys auf die Welt?

Die weiblichen Dinosaurier
legten wie die Vögel Eier.
Doch nur wenige konnten
sie auch ausbrüten.
Die meisten Dinos waren
dafür viel zu schwer!
Manche Mütter bedeckten
ihre Eier mit Sand oder Zweigen,
damit sie nicht gefressen wurden.
Die Jungen wuchsen
in den Eiern heran,
bis sie schlüpften.

Dieses riesige Ei stammt von einem Titanosaurus.

Viele Dino-Kinder lernten ihre Eltern
daher nie kennen.
Andere Dino-Mütter
wie die Maiasaura
bewachten ihre Eier gut.
Nach dem Schlüpfen
fütterten sie die Jungen
und kümmerten sich um sie.

Maiasaura legten
für ihre Jungen
Nesthügel an.

Leserätsel

1 Löse das Kreuzworträtsel.

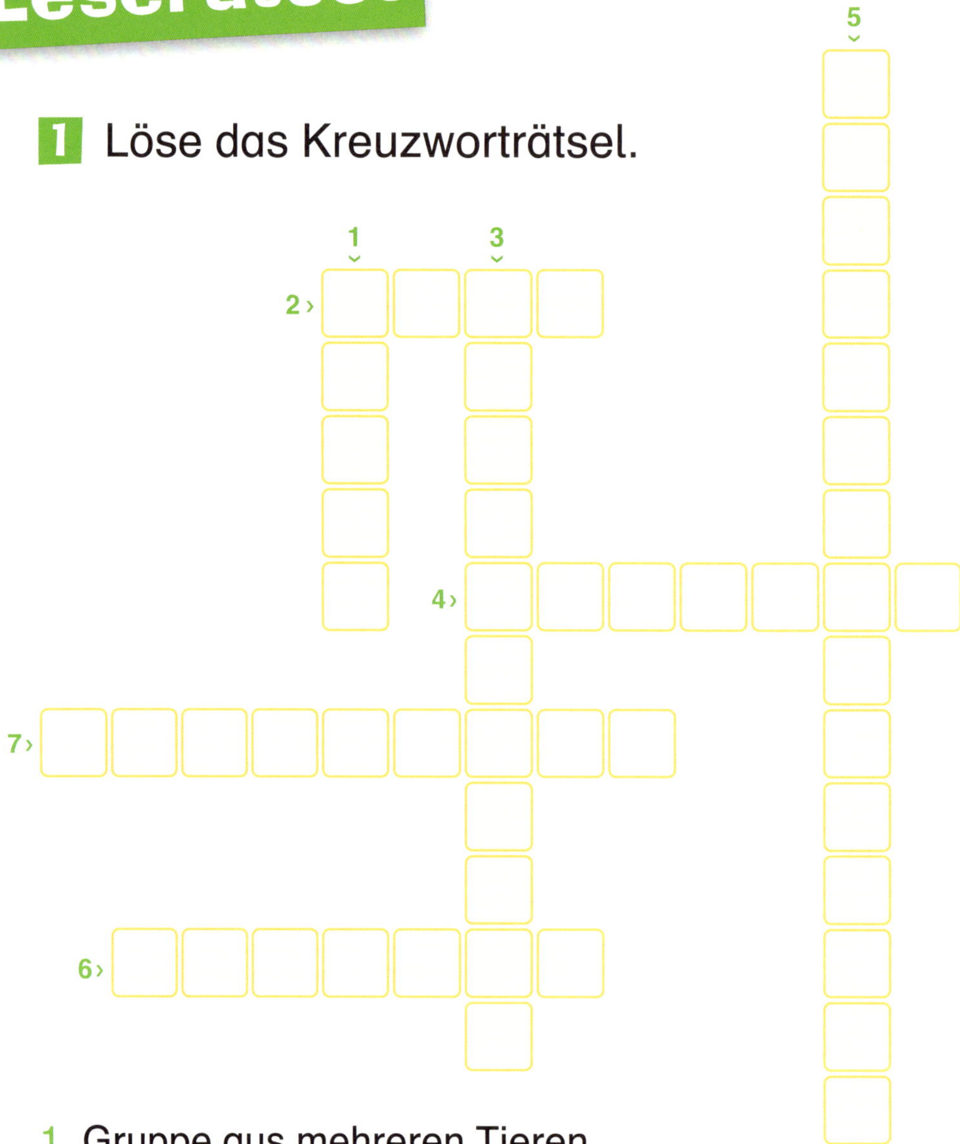

1. Gruppe aus mehreren Tieren
2. Auswuchs am Kopf mancher Dinos
3. Dinosaurier, der andere Tiere jagt
4. Körperteil am hinteren Ende des Dino-Körpers
5. Dinosaurier, der Farne und Zweige frisst
6. Spitzer, harter Dorn am Dino-Körper
7. Dino-Art, die sich gut um ihre Jungtiere kümmerte

2 Wer fraß was?

Ordne jedem Dino die passende Nahrung zu!

1

Spinosaurus

a

Pflanzen

2

T-Rex

b

Fische

3

Diplodocus

c

Landtiere

1 ______ 2 ______ 3 ______

Dinosaurier zum Stickern

Klebe hier
noch einen
Alamosaurus ein.
Wer lässt es sich
hier schmecken?
Nachwuchs
bei den
Dinos!

Welche Dinos stellten Rekorde auf?

Wer waren die größten Dinos?

Der riesige Argentinosaurus zählt zu den größten Dinosauriern. Der Pflanzenfresser war so lang wie ein Linienflugzeug und so hoch wie eine Turnhalle. Er wog so viel wie 15 Elefanten. Wie bei allen Dinosauriern waren seine Knochen innen hohl. Nur so konnte er sich mit seinem riesigen Skelett überhaupt bewegen.

Argentinosaurus

Bedeutung:
Echse aus Argentinien

Länge:
etwa 30 Meter

Triceratops

Bedeutung:
Dreihorngesicht
Länge:
etwa 9 Meter

Welcher Dino hatte den größten Kopf?

Der Kopf des Triceratops
war länger als ein ganzes Pferd.
Mit seinen drei Hörnern
konnte sich der Pflanzenfresser
gut gegen Angriffe verteidigen.
Der harte Nackenschild
schützte ihn vor Bissen.

Edmontosaurus

Bedeutung:
Echse von Edmonton

Länge:
etwa 13 Meter

Wer hatte die meisten Zähne?

Im Maul von Edmontosaurus
steckten mehrere Reihen
mit Hunderten von Zähnen.
Damit konnte er
auch zähe Blätter und Zweige
gut zerkleinern.
Aber seine Zähne
nutzten sich durch diese Nahrung
auch sehr schnell ab.
Zum Glück hatte der Dino
genug Ersatzzähne.

Welche Dinos waren am gefährlichsten?

Kleine, flinke Jäger
wie der Utahraptor zählten
zu den gefährlichsten Dinos.
Sie konnten sehr schnell rennen
und mit ihren langen Armen
nach Beute greifen.
Mit den Krallen an ihren Füßen
hielten sie den Fang fest und
bissen mit spitzen Zähnen zu.

Utahraptor

Bedeutung:
Räuber aus Utah
Länge:
etwa 6 Meter

Wer war der schnellste Dino?

Der schnellste Dinosaurier war vermutlich Struthiomimus. Er ähnelte einem Strauß. Genau wie der große Laufvogel konnte auch dieser Dino sehr schnell rennen.

Wahrscheinlich war er schneller als ein Auto im Stadtverkehr!

Struthiomimus

Bedeutung:
Straußen-Nachahmer

Länge:
etwa 4 Meter

Welcher Dino hatte das größte Rückensegel?

Der Spinosaurus war
ein sehr großer Raubsaurier.
Auf seinem Rücken ragten
lange Stacheln in die Höhe.
Darüber spannte sich die Haut
wie ein riesiges Segel.
Mit diesem Rückensegel sah
der Dino sehr beeindruckend aus.
Bestimmt schüchterte er damit
seine Gegner ein.

Spinosaurus
Bedeutung:
Stachelige Echse
Länge:
etwa 18 Meter

Welcher Dino hatte die längsten Krallen?

Der Raubsaurier Deinonychus trug an jedem Fuß eine gebogene Riesen-Kralle. Beim Laufen konnte er sie einziehen.

Der Deinocheirus dagegen hatte riesige Krallen an den Händen. Vielleicht grub der Allesfresser damit nach Nahrung.

Die Krallen des Deinocheirus waren so lang wie ein Schullineal.

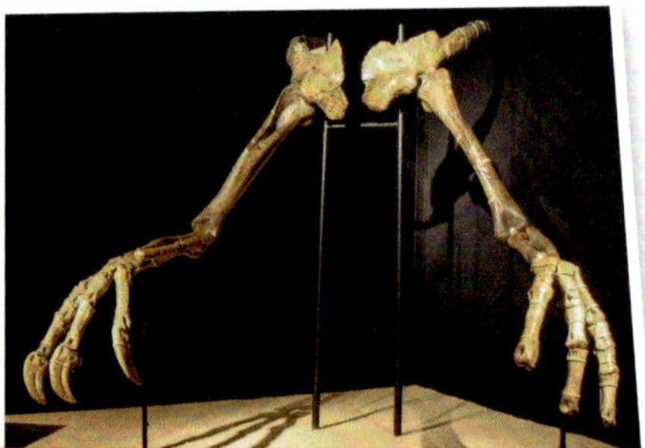

Deinonychus

Bedeutung:
Schreckliche Klaue

Länge:
etwa 3 Meter

Wer zählte zu den kleinsten Dinos?

Der Microraptor war gerade mal so groß wie eine Gans. Er hatte lange Federn an den Armen und Beinen. Seine spitzen Krallen halfen ihm beim Klettern. Vermutlich segelte der Raubsaurier im Gleitflug von Bäumen.

Microraptor

Bedeutung:
Kleiner Räuber

Länge:
etwa 80 Zentimeter

Leserätsel

1 Der kleine Diplodocus
sucht seine Mama!
Verbinde die Buchstaben
auf seinem Weg
und finde heraus,
wie man solche Dinos nennt.

2 Wie heißen diese Dinos?
Ordne die Buchstaben
und schreibe die Namen
unter die Umrisse.

Wie werden Dinosaurier erforscht?

Kein Mensch hat jemals
einen echten Dinosaurier gesehen.
Die ersten Menschen lebten
erst lange nach den Dinos.
Aber die Tiere haben
jede Menge Spuren
hinterlassen.
Ihnen verdanken wir
unser Wissen über die Dinos.

Fußabdrücke verraten uns viel über das Leben der Dinos.

So entsteht ein Fossil:

1 Ein toter Körper versinkt im Wasser.

2 Der Fluss trocknet aus. Schlamm und Erde bedecken das Skelett.

3 Die versteinerten Knochen kommen zum Vorschein und werden freigelegt.

1

Was sind Fossilien?

Normalerweise zerfallen Lebewesen nach ihrem Tod. Wenn ein totes Tier aber im Schlamm versinkt, können feste Teile seines Körpers erhalten bleiben. Der Schlamm wird nämlich im Laufe der Zeit zu Gestein. Mit ihm versteinern manchmal auch die Knochen und Zähne eines toten Tieres. Solche Versteinerungen nennt man Fossilien.

2

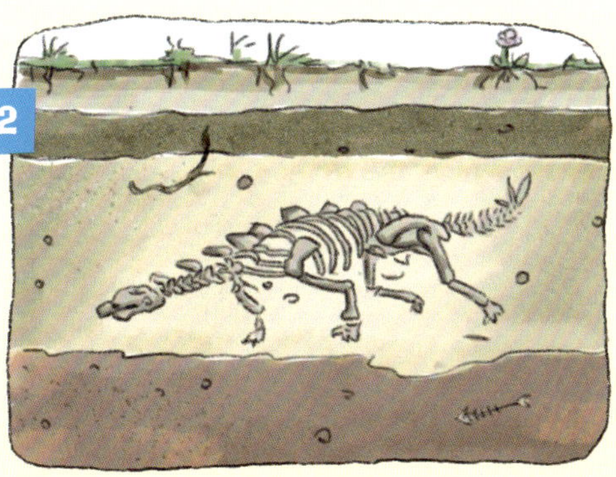

3

Was verraten uns die Dino-Spuren?

Paläontologen erforschen Lebewesen aus früheren Zeiten. Sie haben schon viel Spannendes über Dinosaurier herausgefunden. Oft ist das echte Detektivarbeit! Was bedeutet es zum Beispiel, wenn man an einer Stelle viele ähnliche Fossilien findet? Genau: Vermutlich haben diese Dinos zusammengelebt.

Schädel eines Triceratops

Von welchen Dinos stammen wohl diese Zähne?

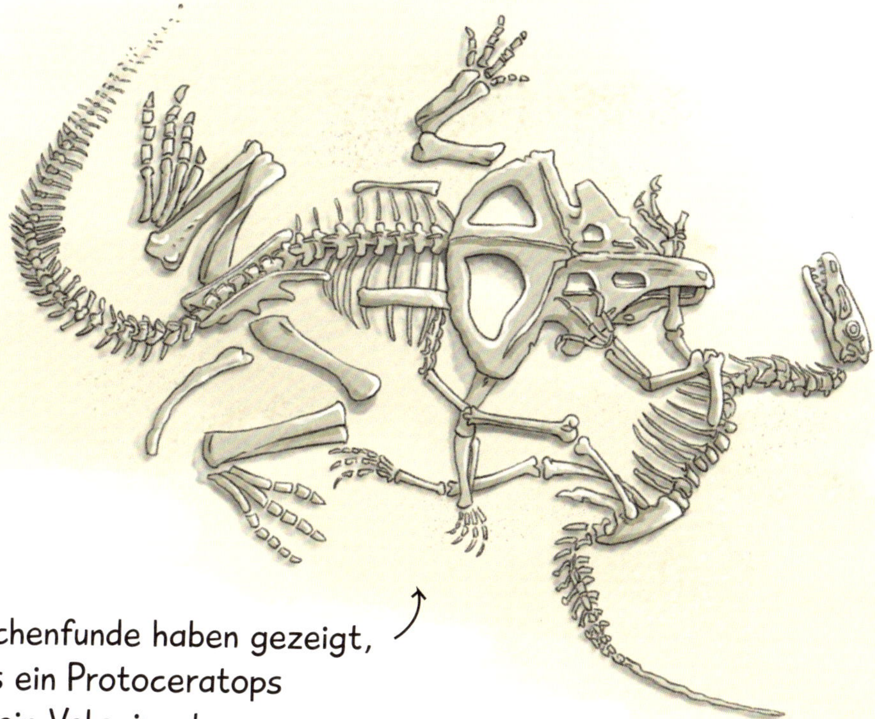

Knochenfunde haben gezeigt, dass ein Protoceratops und ein Velociraptor bei einem Kampf starben.

Manchmal finden die Forscher auch
Versteinerungen von Dino-Eiern,
Kot oder Fußabdrücke von Dinos.
Spuren von Zähnen und Krallen
verraten ihnen,
wer mit wem gekämpft hat.
Nur über die Hautfarbe der Dinos
wissen wir noch nicht viel.

Wie arbeiten Dino-Forscher?

Die Forscher untersuchen
jeden Fund ganz genau.
Mit besonderem Werkzeug lösen sie
die Knochen aus dem Gestein.
Im Labor durchleuchten sie
den Fund unter anderem
mit Mikroskopen
und Röntgenstrahlen.
Wie alt sind die Knochen?
Von welchem Dino stammen sie?
Was hat er gefressen?

Vorsichtig legen Forscher die fossilen Knochen frei.

Bisher wurden schon
mehr als 800 Dino-Arten entdeckt.
Aber die Wissenschaftler
sind sich nicht immer einig.
Saß ein gefundener Stachel
wohl auf dem Kopf
oder am Schwanz eines Dinos?
Manchmal liefern erst
weitere Funde die Antworten.

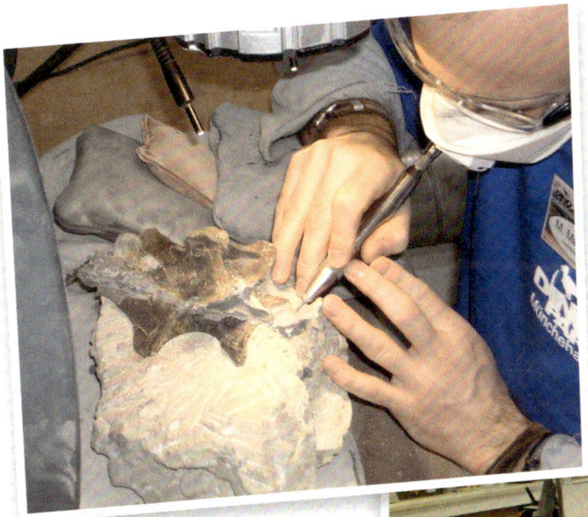

Kleine Knochen löst man mit besonderen Geräten vom Stein.

Im Labor wird jeder Fund genau untersucht.

Wer gibt den Dinos ihre Namen?

Wer ein Fossil als Erster entdeckt oder untersucht, darf dem Dino einen Namen geben. Meist beschreiben die Namen den Dino mit lateinischen oder griechischen Wörtern. Manche Arten sind auch nach dem Fundort benannt. Das Wort Dinosaurier bedeutet übrigens „schreckliche Echse“.

Der Marshosaurus ist nach dem Paläontologen Othniel Charles Marsh benannt.

Othniel Charles Marsh (1831–1899)

Wo findet man Fossilien?

Die meisten Fossilien liegen
tief unten im Erdboden.
Oft werden sie in Steinbrüchen
oder Baugruben entdeckt.
An manchen Orten können
auch Kinder danach graben.
Mit etwas Glück
findest du dort vielleicht
ein kleines Fossil.
Es muss ja nicht gleich
ein ganzer Dinosaurier sein!

Wie wird ein Dino-Skelett zusammengesetzt?

Oft werden nur einzelne Überreste
eines Dinos gefunden.
Aber wie sah wohl
das ganze Tier aus?
Am Computer setzen die Forscher
das Skelett zusammen
und ergänzen fehlende Teile.
Anschließend können sie
aus künstlichen Knochen
ein lebensgroßes Skelett aufbauen.

Im Museum werden die Knochen zusammengesetzt.

Wo kannst du Dinos entdecken?

In einem Naturkundemuseum
kannst du Fossilien und
nachgebaute Dinosaurier bewundern.
Auch in Dino-Parks stehen oft
lebensgroße Figuren.
Manche sehen so echt aus,
dass sie uns eine Gänsehaut
über den Rücken jagen.
Und wer weiß,
was die Wissenschaftler
noch alles entdecken?

Leserätsel

1 In dem Gitter verstecken sich fünf Begriffe rund um die Dino-Forschung. Kreise sie ein!

P	I	W	B	A	L	O	K
D	C	A	G	N	E	R	N
G	Z	U	N	W	U	C	O
S	P	S	I	A	W	S	C
K	T	G	J	S	Z	H	H
R	A	R	E	T	I	L	E
A	L	A	B	O	R	X	N
O	K	B	W	P	T	K	T
L	F	U	N	D	O	R	T
S	R	N	G	A	F	I	T
N	Z	G	D	U	E	G	I
G	P	V	S	Z	A	H	N

2 Ergänze die fehlenden Buchstaben.

S	K	E		E	T				
D		N	O	-	P		R	K	
	T	E	I	N		R	U	C	H
F		S	S		L				
	E	P	T	I					

3 Ordne die Silben und schreibe die Wörter auf die Linien.

Mi um skop

kro ne Mu stei

rung Ver se

____

____

____

Lesequiz

1 Wie viele Dino-Arten wurden bisher entdeckt?

a) etwa 80

b) etwa 800

c) etwa 8000

2 Wo lebten die Dinosaurier?

a) an Land

b) in Flüssen und Seen

c) im Meer

3 Wie heißt der Riesenkontinent, der früher alle Landflächen auf unserer Erde vereinte?

a) Laura

b) Paula

c) Pangäa

4 Welche heutigen Tiere stammen von den Dinos ab?

a) Vögel

b) Fische

c) Frösche

5 Wie heißen die versteinerten Überreste von Lebewesen?

a) Amphibien

b) Fossilien

c) Reptilien

6 Was trugen manche Dinos am Körper?

a) Federn

b) Fell

c) Flossen

Lösungen

Seite 18/19

1 DINOSAURIER
REPTILIEN
MEERESSAURIER
URVOGEL

2

FLUG	ER	SAU	RI
RI	SAU	ER	FLUG
ER	FLUG	RI	SAU
SAU	RI	FLUG	ER

Lösung: FLUGSAURIER

TER	AL	ERD	ZEIT
ERD	ZEIT	TER	AL
ZEIT	TER	AL	ERD
AL	ERD	ZEIT	TER

Lösung: ERDZEITALTER

Seite 32/33

1

												5	
												P	
												F	
					1		3					L	
				2›	H	O	R	N				A	
					E		A					N	
					R		U					Z	
					D		B					E	
					E	4›	S	C	H	W	A	N	Z
							A					F	
7›	M	A	I	A	S	A	U	R	A			R	
							R					E	
							I					S	
6›		S	T	A	C	H	E	L				S	
							R					E	
												R	

2

1b, 2c, 3a

Seite 34/35

Seite 44/45

1 Lösung:
LANGHALSSAURIER

2 Argentinosaurus
Microraptor
Triceratops
Spinosaurus

Seite 56/57

1

P	I	W	B	A	L	O	K
D	C	A	G	N	E	R	N
G	Z	U	N	W	U	C	O
S	P	S	I	A	W	S	C
K	T	G	J	S	Z	H	H
R	A	R	E	T	I	L	E
A	L	A	B	O	R	X	N
O	K	B	W	P	T	K	T
L	F	U	N	D	O	R	T
S	R	N	G	A	F	I	T
N	Z	G	D	U	E	G	I
G	P	V	S	Z	A	H	N

2

S	K	E	L	E	T	T			
D	I	N	O	-	P	A	R	K	
S	T	E	I	N	B	R	U	C	H
F	O	S	S	I	L				
R	E	P	T	I	L				

3 Mikroskop

Versteinerung

Museum

Seite 58/59

1 b)

2 a)

3 c)

4 a)

5 b)

6 a)

Klebe an dieser Stelle
einen Briefumschlag ein.
Benutze dazu einen Klebestift
und beachte seine Kennzeichnung.
In dem Umschlag kannst du
die ausgeschnittenen Karten
aufbewahren.
So geht nichts verloren.

Leselotto

Anleitung

Schneide die 24 Karten
mit einer Bastelschere aus
und mische sie.
Lege sie dann
mit der Vorderseite nach oben
vor dich hin.
Welcher Text
beschreibt welches Bild?
Die Rückseiten der richtigen Paare
haben dieselbe Farbe.
So kannst du prüfen,
ob alles stimmt.

Bildnachweis

Abkürzungen: oben (o.); unten (u.)

Cover: Adobe Stock: Jaroslav Moravcik (o.); Wikimedia Commons: UNED Universidad Nacional de Educación a Distancia/cc-by-2.0 (u.)

Adobe Stock: alexandros33 (29), W. Scott McGill (46), procy_ab (48 l.), Mark Kostich (48 r.), Evgeny (50 l.)

Picture Alliance: empics/Andrew Milligan (54)

Wikimedia Commons: Own work/cc-by-sa-3.0 (4), TheRegalis/cc-by-sa-4.0 (17), Own work/cc-by-sa-3.0 (26 o.), Ilja Nieuwland/cc-by-sa-4.0 (26 u.), A, Ocram (30), Eduard Solà/cc-by-sa-3.0 (42), UNED Universidad Nacional de Educación a Distancia/cc-by-2.0 (50 r.), Nils Knötschke/cc-by-sa-2.5 (51 l.), Petrified Forest from Petrified Forest, USA/cc-by-sa-2.0 (51 r.), Daderot/cc-zero (52 l.), Mathew Brady (1822-1896) or Levin Corbin Handy (1855–1932) (52 r.)

Großer Pflanzenfresser mit langem Hals	Stacheliger Dino mit Schwanzkeule	Dino mit hohem Rückensegel
Forscherin, die Tiere von damals untersucht	Raubsaurier, der auf den Hinterbeinen läuft	Stämmiger Pflanzenfresser mit drei Hörnern
Kleiner Raubsaurier mit langen Krallen an den Füßen	Riesiger Meeressaurier mit langem Hals	Knochengerüst eines Wirbeltieres
Früherer Riesenkontinent auf der Erde	Urvogel mit Merkmalen der Dinos und der Vögel	Versteinerter Überrest eines Lebewesens

Sauropode

Ankylosaurus

Spinosaurus

Paläontologin

Theropode

Triceratops

Deinonychus

Elasmosaurus

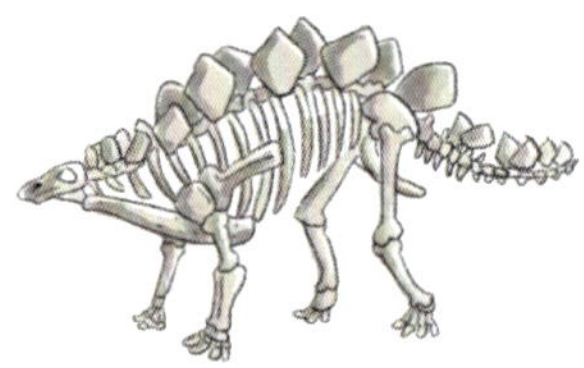
Skelett

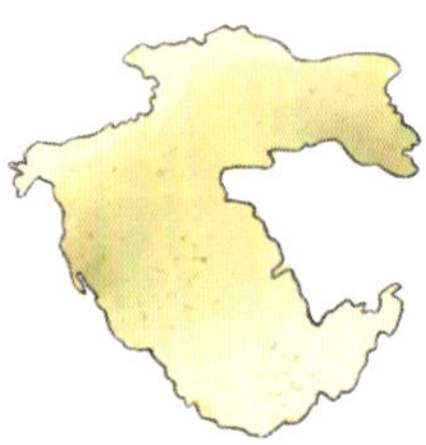
Pangäa

Archäopteryx

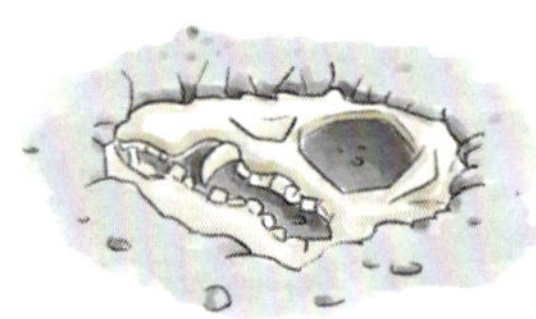
Fossil